Recipe:

Serving:                                Prep Time:

Cook Time:                              Temperature:

Ingredients:                            Methods:

Wine Pairing:

From the Kitchen of:

Recipe: _____

Serving: _____    Prep Time: _____

Cook Time: _____    Temperature: _____

Ingredients:

_____
_____
_____
_____
_____
_____
_____
_____
_____
_____
_____
_____
_____
_____
_____
_____

Methods:

_____
_____
_____
_____
_____
_____
_____
_____
_____
_____
_____
_____
_____
_____
_____
_____

Wine Pairing: _____

From the Kitchen of: _____

Recipe: _____

Serving: _____  Prep Time: _____

Cook Time: _____  Temperature: _____

Ingredients:

Methods:

Wine Pairing: _____

From the Kitchen of: _____

Recipe: _____

Serving: _____  Prep Time: _____

Cook Time: _____  Temperature: _____

Ingredients:                Methods:

_____         _____
_____         _____
_____         _____
_____         _____
_____         _____
_____         _____
_____         _____
_____         _____
_____         _____
_____         _____
_____         _____
_____         _____
_____         _____
_____         _____
_____         _____
_____         _____
_____         _____

Wine Pairing: _____

From the Kitchen of: _____

Recipe: _____

Serving: _____  Prep Time: _____

Cook Time: _____  Temperature: _____

Ingredients:  Methods:

Wine Pairing: _____

From the Kitchen of: _____

Recipe: _____

Serving: _____   Prep Time: _____

Cook Time: _____   Temperature: _____

Ingredients:

_____
_____
_____
_____
_____
_____
_____
_____
_____
_____
_____
_____
_____
_____
_____
_____
_____
_____
_____

Methods:

_____
_____
_____
_____
_____
_____
_____
_____
_____
_____
_____
_____
_____
_____
_____
_____
_____
_____
_____

Wine Pairing: _____

From the Kitchen of: _____

Recipe: _____

Serving: _____     Prep Time: _____

Cook Time: _____   Temperature: _____

Ingredients:                       Methods:

_____           _____
_____           _____
_____           _____
_____           _____
_____           _____
_____           _____
_____           _____
_____           _____
_____           _____
_____           _____
_____           _____
_____           _____
_____           _____
_____           _____
_____           _____
_____           _____
_____           _____
_____           _____

Wine Pairing: _____

From the Kitchen of: _____

Recipe: _____

Serving: _____    Prep Time: _____

Cook Time: _____    Temperature: _____

Ingredients:                    Methods:

_____ _____
_____ _____
_____ _____
_____ _____
_____ _____
_____ _____
_____ _____
_____ _____
_____ _____
_____ _____
_____ _____
_____ _____
_____ _____
_____ _____
_____ _____
_____ _____

Wine Pairing: _____

From the Kitchen of: _____

Recipe: _____

Serving: _____          Prep Time: _____

Cook Time: _____        Temperature: _____

Ingredients:                      Methods:

_____         _____
_____         _____
_____         _____
_____         _____
_____         _____
_____         _____
_____         _____
_____         _____
_____         _____
_____         _____
_____         _____
_____         _____
_____         _____
_____         _____
_____         _____
_____         _____
_____         _____
_____         _____

Wine Pairing: _____

From the Kitchen of: _____

Recipe: _____

Serving: _____  Prep Time: _____

Cook Time: _____  Temperature: _____

Ingredients:                    Methods:

_____    _____
_____    _____
_____    _____
_____    _____
_____    _____
_____    _____
_____    _____
_____    _____
_____    _____
_____    _____
_____    _____
_____    _____
_____    _____
_____    _____
_____    _____
_____    _____

Wine Pairing: _____

From the Kitchen of: _____

Recipe: _____

Serving: _____  Prep Time: _____

Cook Time: _____  Temperature: _____

Ingredients:                       Methods:

_____  _____
_____  _____
_____  _____
_____  _____
_____  _____
_____  _____
_____  _____
_____  _____
_____  _____
_____  _____
_____  _____
_____  _____
_____  _____
_____  _____
_____  _____
_____  _____
_____  _____

Wine Pairing: _____

From the Kitchen of: _____

Recipe: _____

Serving: _____    Prep Time: _____

Cook Time: _____    Temperature: _____

Ingredients:

_____
_____
_____
_____
_____
_____
_____
_____
_____
_____
_____
_____
_____
_____
_____

Methods:

_____
_____
_____
_____
_____
_____
_____
_____
_____
_____
_____
_____
_____
_____
_____

Wine Pairing: _____

From the Kitchen of: _____

Recipe: _____

Serving: _____  Prep Time: _____

Cook Time: _____  Temperature: _____

Ingredients:                      Methods:

_____   _____
_____   _____
_____   _____
_____   _____
_____   _____
_____   _____
_____   _____
_____   _____
_____   _____
_____   _____
_____   _____
_____   _____
_____   _____
_____   _____
_____   _____
_____   _____
_____   _____
_____   _____
_____   _____

Wine Pairing: _____

From the Kitchen of: _____

Recipe: _____

Serving: _____    Prep Time: _____

Cook Time: _____    Temperature: _____

Ingredients:

_____
_____
_____
_____
_____
_____
_____
_____
_____
_____
_____
_____
_____
_____
_____
_____
_____

Methods:

_____
_____
_____
_____
_____
_____
_____
_____
_____
_____
_____
_____
_____
_____
_____
_____
_____

Wine Pairing: _____

From the Kitchen of: _____

Recipe: _____

Serving: _____  Prep Time: _____

Cook Time: _____  Temperature: _____

Ingredients:

Methods:

Wine Pairing: _____

From the Kitchen of: _____

Recipe: _____

Serving: _____    Prep Time: _____

Cook Time: _____    Temperature: _____

Ingredients:                         Methods:

_____          _____
_____          _____
_____          _____
_____          _____
_____          _____
_____          _____
_____          _____
_____          _____
_____          _____
_____          _____
_____          _____
_____          _____
_____          _____
_____          _____
_____          _____
_____          _____

Wine Pairing: _____

From the Kitchen of: _____

Recipe: _____

Serving: _____   Prep Time: _____

Cook Time: _____   Temperature: _____

Ingredients:                          Methods:
_____        _____
_____        _____
_____        _____
_____        _____
_____        _____
_____        _____
_____        _____
_____        _____
_____        _____
_____        _____
_____        _____
_____        _____
_____        _____
_____        _____
_____        _____
_____        _____
_____        _____
_____        _____

Wine Pairing: _____

From the Kitchen of: _____

Recipe:

Serving:                                     Prep Time:

Cook Time:                                   Temperature:

Ingredients:                                 Methods:

Wine Pairing:

From the Kitchen of:

Recipe: _____

Serving: _____  Prep Time: _____

Cook Time: _____  Temperature: _____

Ingredients:  Methods:

_____  _____
_____  _____
_____  _____
_____  _____
_____  _____
_____  _____
_____  _____
_____  _____
_____  _____
_____  _____
_____  _____
_____  _____
_____  _____
_____  _____
_____  _____
_____  _____
_____  _____
_____  _____

Wine Pairing: _____

From the Kitchen of: _____

Recipe:

Serving:

Prep Time:

Cook Time:

Temperature:

Ingredients:

Methods:

Wine Pairing:

From the Kitchen of:

Recipe: _____

Serving: _____  Prep Time: _____

Cook Time: _____  Temperature: _____

Ingredients:

_____
_____
_____
_____
_____
_____
_____
_____
_____
_____
_____
_____
_____
_____
_____
_____
_____
_____
_____
_____

Methods:

_____
_____
_____
_____
_____
_____
_____
_____
_____
_____
_____
_____
_____
_____
_____
_____
_____
_____
_____
_____

Wine Pairing: _____

From the Kitchen of: _____

Recipe: _____

Serving: _____  Prep Time: _____

Cook Time: _____  Temperature: _____

Ingredients:

_____
_____
_____
_____
_____
_____
_____
_____
_____
_____
_____
_____
_____
_____
_____

Methods:

_____
_____
_____
_____
_____
_____
_____
_____
_____
_____
_____
_____
_____
_____
_____

Wine Pairing: _____

From the Kitchen of: _____

Recipe: _____

Serving: _____    Prep Time: _____

Cook Time: _____    Temperature: _____

Ingredients:    Methods:

Wine Pairing: _____

From the Kitchen of: _____

Recipe: _____

Serving: _____    Prep Time: _____

Cook Time: _____    Temperature: _____

Ingredients:

_____
_____
_____
_____
_____
_____
_____
_____
_____
_____
_____
_____
_____
_____
_____
_____
_____

Methods:

_____
_____
_____
_____
_____
_____
_____
_____
_____
_____
_____
_____
_____
_____
_____
_____
_____

Wine Pairing: _____

From the Kitchen of: _____

Recipe:

Serving:                                    Prep Time:

Cook Time:                                  Temperature:

Ingredients:                                Methods:

Wine Pairing:

From the Kitchen of:

Recipe: _____

Serving: _____  Prep Time: _____

Cook Time: _____  Temperature: _____

Ingredients:

_____
_____
_____
_____
_____
_____
_____
_____
_____
_____
_____
_____
_____
_____
_____
_____
_____

Methods:

_____
_____
_____
_____
_____
_____
_____
_____
_____
_____
_____
_____
_____
_____
_____
_____
_____

Wine Pairing: _____

From the Kitchen of: _____

Recipe: _____

Serving: _____    Prep Time: _____

Cook Time: _____    Temperature: _____

Ingredients:                    Methods:

Wine Pairing: _____

From the Kitchen of: _____

Recipe:

Serving:                                    Prep Time:

Cook Time:                                  Temperature:

Ingredients:                                Methods:

Wine Pairing:

From the Kitchen of:

Recipe: _____

Serving: _____  Prep Time: _____

Cook Time: _____  Temperature: _____

Ingredients:                       Methods:

_____       _____
_____       _____
_____       _____
_____       _____
_____       _____
_____       _____
_____       _____
_____       _____
_____       _____
_____       _____
_____       _____
_____       _____
_____       _____
_____       _____
_____       _____
_____       _____
_____       _____
_____       _____

Wine Pairing: _____

From the Kitchen of: _____

Recipe: _____

Serving: _____  Prep Time: _____

Cook Time: _____  Temperature: _____

Ingredients:  Methods:

Wine Pairing: _____

From the Kitchen of: _____

Recipe: _____

Serving: _____  Prep Time: _____

Cook Time: _____  Temperature: _____

Ingredients:                  Methods:

Wine Pairing: _____

From the Kitchen of: _____

Recipe:

Serving:                                Prep Time:

Cook Time:                              Temperature:

Ingredients:                            Methods:

Wine Pairing:

From the Kitchen of:

Recipe: _____

Serving: _____   Prep Time: _____

Cook Time: _____   Temperature: _____

Ingredients:   Methods:

_____   _____
_____   _____
_____   _____
_____   _____
_____   _____
_____   _____
_____   _____
_____   _____
_____   _____
_____   _____
_____   _____
_____   _____
_____   _____
_____   _____
_____   _____
_____   _____
_____   _____

Wine Pairing: _____

From the Kitchen of: _____

Recipe:

Serving:                    Prep Time:

Cook Time:                  Temperature:

Ingredients:                Methods:

Wine Pairing:

From the Kitchen of:

Recipe: _____

Serving: _____  Prep Time: _____

Cook Time: _____  Temperature: _____

Ingredients:  Methods:

_____  _____
_____  _____
_____  _____
_____  _____
_____  _____
_____  _____
_____  _____
_____  _____
_____  _____
_____  _____
_____  _____
_____  _____
_____  _____
_____  _____
_____  _____
_____  _____
_____  _____
_____  _____

Wine Pairing: _____

From the Kitchen of: _____

Recipe: _____

Serving: _____  Prep Time: _____

Cook Time: _____  Temperature: _____

Ingredients:                     Methods:

_____   _____
_____   _____
_____   _____
_____   _____
_____   _____
_____   _____
_____   _____
_____   _____
_____   _____
_____   _____
_____   _____
_____   _____
_____   _____
_____   _____
_____   _____
_____   _____

Wine Pairing: _____

From the Kitchen of: _____

Recipe: _____

Serving: _____  Prep Time: _____

Cook Time: _____  Temperature: _____

Ingredients:  Methods:

Wine Pairing: _____

From the Kitchen of: _____

Recipe: _____

Serving: _____  Prep Time: _____

Cook Time: _____  Temperature: _____

Ingredients:                     Methods:

Wine Pairing: _____

From the Kitchen of: _____

Recipe: _____

Serving: _____  Prep Time: _____

Cook Time: _____  Temperature: _____

Ingredients:

Methods:

Wine Pairing: _____

From the Kitchen of: _____

Recipe: _____

Serving: _____  Prep Time: _____

Cook Time: _____  Temperature: _____

Ingredients:

_____
_____
_____
_____
_____
_____
_____
_____
_____
_____
_____
_____
_____
_____
_____

Methods:

_____
_____
_____
_____
_____
_____
_____
_____
_____
_____
_____
_____
_____
_____
_____

Wine Pairing: _____

From the Kitchen of: _____

Recipe: _____

Serving: _____    Prep Time: _____

Cook Time: _____    Temperature: _____

Ingredients:                         Methods:

_____     _____
_____     _____
_____     _____
_____     _____
_____     _____
_____     _____
_____     _____
_____     _____
_____     _____
_____     _____
_____     _____
_____     _____
_____     _____
_____     _____
_____     _____
_____     _____
_____     _____
_____     _____

Wine Pairing: _____

From the Kitchen of: _____

Recipe:

Serving:                                    Prep Time:

Cook Time:                                  Temperature:

Ingredients:                                Methods:

Wine Pairing:

From the Kitchen of:

Recipe: _____

Serving: _____  Prep Time: _____

Cook Time: _____  Temperature: _____

Ingredients:                          Methods:

_____          _____
_____          _____
_____          _____
_____          _____
_____          _____
_____          _____
_____          _____
_____          _____
_____          _____
_____          _____
_____          _____
_____          _____
_____          _____
_____          _____
_____          _____
_____          _____
_____          _____
_____          _____
_____          _____
_____          _____

Wine Pairing: _____

From the Kitchen of: _____

Recipe: _____

Serving: _____  Prep Time: _____

Cook Time: _____  Temperature: _____

Ingredients:  Methods:

_____  _____
_____  _____
_____  _____
_____  _____
_____  _____
_____  _____
_____  _____
_____  _____
_____  _____
_____  _____
_____  _____
_____  _____
_____  _____
_____  _____
_____  _____
_____  _____
_____  _____
_____  _____

Wine Pairing: _____

From the Kitchen of: _____

Recipe: _____

Serving: _____  Prep Time: _____

Cook Time: _____  Temperature: _____

Ingredients:

_____
_____
_____
_____
_____
_____
_____
_____
_____
_____
_____
_____
_____
_____
_____
_____
_____
_____

Methods:

_____
_____
_____
_____
_____
_____
_____
_____
_____
_____
_____
_____
_____
_____
_____
_____
_____
_____

Wine Pairing: _____

From the Kitchen of: _____

Recipe:

Serving:

Prep Time:

Cook Time:

Temperature:

Ingredients:

Methods:

Wine Pairing:

From the Kitchen of:

Recipe: _____

Serving: _____     Prep Time: _____

Cook Time: _____     Temperature: _____

Ingredients:                          Methods:

_____              _____
_____              _____
_____              _____
_____              _____
_____              _____
_____              _____
_____              _____
_____              _____
_____              _____
_____              _____
_____              _____
_____              _____
_____              _____
_____              _____
_____              _____
_____              _____
_____              _____
_____              _____
_____              _____

Wine Pairing: _____

From the Kitchen of: _____

Recipe:

Serving:  Prep Time:

Cook Time:  Temperature:

Ingredients:  Methods:

Wine Pairing:

From the Kitchen of:

Recipe: _____

Serving: _____     Prep Time: _____

Cook Time: _____     Temperature: _____

Ingredients:                                          Methods:

_____          _____
_____          _____
_____          _____
_____          _____
_____          _____
_____          _____
_____          _____
_____          _____
_____          _____
_____          _____
_____          _____
_____          _____
_____          _____
_____          _____
_____          _____
_____          _____
_____          _____
_____          _____

Wine Pairing: _____

From the Kitchen of: _____

Recipe:

Serving:

Prep Time:

Cook Time:

Temperature:

Ingredients:

Methods:

Wine Pairing:

From the Kitchen of:

Recipe: _____

Serving: _____  Prep Time: _____

Cook Time: _____  Temperature: _____

Ingredients:                      Methods:

_____       _____
_____       _____
_____       _____
_____       _____
_____       _____
_____       _____
_____       _____
_____       _____
_____       _____
_____       _____
_____       _____
_____       _____
_____       _____
_____       _____
_____       _____
_____       _____
_____       _____
_____       _____
_____       _____
_____       _____

Wine Pairing: _____

From the Kitchen of: _____

Recipe: _____

Serving: _____  Prep Time: _____

Cook Time: _____  Temperature: _____

Ingredients:

_____
_____
_____
_____
_____
_____
_____
_____
_____
_____
_____
_____
_____
_____
_____
_____
_____

Methods:

_____
_____
_____
_____
_____
_____
_____
_____
_____
_____
_____
_____
_____
_____
_____
_____
_____

Wine Pairing: _____

From the Kitchen of: _____

Recipe: _____

Serving: _____  Prep Time: _____

Cook Time: _____  Temperature: _____

Ingredients:                    Methods:

_____            _____
_____            _____
_____            _____
_____            _____
_____            _____
_____            _____
_____            _____
_____            _____
_____            _____
_____            _____
_____            _____
_____            _____
_____            _____
_____            _____
_____            _____
_____            _____
_____            _____
_____            _____
_____            _____
_____            _____

Wine Pairing: _____

From the Kitchen of: _____

Recipe:

Serving:   Prep Time:

Cook Time:   Temperature:

Ingredients:   Methods:

Wine Pairing:

From the Kitchen of:

Recipe: _____

Serving: _____  Prep Time: _____

Cook Time: _____  Temperature: _____

Ingredients:  Methods:

Wine Pairing: _____

From the Kitchen of: _____

Recipe: _____

Serving: _____      Prep Time: _____

Cook Time: _____    Temperature: _____

Ingredients:                  Methods:

_____   _____
_____   _____
_____   _____
_____   _____
_____   _____
_____   _____
_____   _____
_____   _____
_____   _____
_____   _____
_____   _____
_____   _____
_____   _____
_____   _____
_____   _____
_____   _____

Wine Pairing: _____

From the Kitchen of: _____

Recipe:

Serving: Prep Time:

Cook Time: Temperature:

Ingredients: Methods:

Wine Pairing:

From the Kitchen of:

Recipe:

Serving:                            Prep Time:

Cook Time:                          Temperature:

Ingredients:                        Methods:

Wine Pairing:

From the Kitchen of:

Recipe: _____

Serving: _____  Prep Time: _____

Cook Time: _____  Temperature: _____

Ingredients:  Methods:

Recipe: _____

Serving: _____   Prep Time: _____

Cook Time: _____   Temperature: _____

Ingredients:                 Methods:

_____        _____
_____        _____
_____        _____
_____        _____
_____        _____
_____        _____
_____        _____
_____        _____
_____        _____
_____        _____
_____        _____
_____        _____
_____        _____
_____        _____
_____        _____
_____        _____

Wine Pairing: _____

From the Kitchen of: _____

Recipe: _____

Serving: _____  Prep Time: _____

Cook Time: _____  Temperature: _____

Ingredients:  Methods:

_____  _____
_____  _____
_____  _____
_____  _____
_____  _____
_____  _____
_____  _____
_____  _____
_____  _____
_____  _____
_____  _____
_____  _____
_____  _____
_____  _____
_____  _____
_____  _____
_____  _____
_____  _____
_____  _____

Wine Pairing: _____

From the Kitchen of: _____

Recipe: _____

Serving: _____     Prep Time: _____

Cook Time: _____     Temperature: _____

Ingredients:                 Methods:

_____       _____
_____       _____
_____       _____
_____       _____
_____       _____
_____       _____
_____       _____
_____       _____
_____       _____
_____       _____
_____       _____
_____       _____
_____       _____
_____       _____

Wine Pairing: _____

From the Kitchen of: _____

Recipe: _____

Serving: _____  Prep Time: _____

Cook Time: _____  Temperature: _____

Ingredients:  Methods:

_____  _____
_____  _____
_____  _____
_____  _____
_____  _____
_____  _____
_____  _____
_____  _____
_____  _____
_____  _____
_____  _____
_____  _____
_____  _____
_____  _____
_____  _____
_____  _____

Wine Pairing: _____

From the Kitchen of: _____

Recipe: _____

Serving: _____  Prep Time: _____

Cook Time: _____  Temperature: _____

Ingredients:                     Methods:

From the Kitchen of: _____

Wine Pairing: _____

Recipe: _____

Serving: _____  Prep Time: _____

Cook Time: _____  Temperature: _____

Ingredients:  Methods:

Wine Pairing: _____

From the Kitchen of: _____

Recipe: _____

Serving: _____   Prep Time: _____

Cook Time: _____   Temperature: _____

Ingredients:                   Methods:

_____       _____
_____       _____
_____       _____
_____       _____
_____       _____
_____       _____
_____       _____
_____       _____
_____       _____
_____       _____
_____       _____
_____       _____
_____       _____
_____       _____
_____       _____

Wine Pairing: _____

From the Kitchen of: _____

Recipe: _____

Serving: _____     Prep Time: _____

Cook Time: _____   Temperature: _____

Ingredients:                          Methods:

_____               _____
_____               _____
_____               _____
_____               _____
_____               _____
_____               _____
_____               _____
_____               _____
_____               _____
_____               _____
_____               _____
_____               _____
_____               _____
_____               _____
_____               _____

Wine Pairing: _____

From the Kitchen of: _____

Recipe: _____

Serving: _____    Prep Time: _____

Cook Time: _____    Temperature: _____

Ingredients:

_____
_____
_____
_____
_____
_____
_____
_____
_____
_____
_____
_____
_____
_____
_____
_____

Methods:

_____
_____
_____
_____
_____
_____
_____
_____
_____
_____
_____
_____
_____
_____
_____
_____

Wine Pairing: _____

From the Kitchen of: _____

Recipe: _____

Serving: _____  Prep Time: _____

Cook Time: _____  Temperature: _____

Ingredients:                      Methods:

_____    _____
_____    _____
_____    _____
_____    _____
_____    _____
_____    _____
_____    _____
_____    _____
_____    _____
_____    _____
_____    _____
_____    _____
_____    _____
_____    _____
_____    _____
_____    _____
_____    _____

Wine Pairing: _____

From the Kitchen of: _____

Recipe: _____

Serving: _____  Prep Time: _____

Cook Time: _____  Temperature: _____

Ingredients:

_____
_____
_____
_____
_____
_____
_____
_____
_____
_____
_____
_____
_____
_____
_____
_____

Methods:

_____
_____
_____
_____
_____
_____
_____
_____
_____
_____
_____
_____
_____
_____
_____
_____

Wine Pairing: _____

From the Kitchen of: _____

Recipe: _____

Serving: _____  Prep Time: _____

Cook Time: _____  Temperature: _____

Ingredients:                    Methods:

_____        _____
_____        _____
_____        _____
_____        _____
_____        _____
_____        _____
_____        _____
_____        _____
_____        _____
_____        _____
_____        _____
_____        _____
_____        _____
_____        _____
_____        _____
_____        _____
_____        _____

Wine Pairing: _____

From the Kitchen of: _____

Recipe: _____

Serving: _____     Prep Time: _____

Cook Time: _____   Temperature: _____

Ingredients:                 Methods:

_____     _____
_____     _____
_____     _____
_____     _____
_____     _____
_____     _____
_____     _____
_____     _____
_____     _____
_____     _____
_____     _____
_____     _____
_____     _____
_____     _____
_____     _____
_____     _____
_____     _____

Wine Pairing: _____

From the Kitchen of: _____

Recipe: _____

Serving: _____     Prep Time: _____

Cook Time: _____     Temperature: _____

Ingredients:                            Methods:
_____                 _____
_____                 _____
_____                 _____
_____                 _____
_____                 _____
_____                 _____
_____                 _____
_____                 _____
_____                 _____
_____                 _____
_____                 _____
_____                 _____
_____                 _____
_____                 _____
_____                 _____
_____                 _____
_____                 _____

Wine Pairing: _____

From the Kitchen of: _____

Recipe: _____

Serving: _____  Prep Time: _____

Cook Time: _____  Temperature: _____

Ingredients:

_____
_____
_____
_____
_____
_____
_____
_____
_____
_____
_____
_____
_____
_____
_____
_____

Methods:

_____
_____
_____
_____
_____
_____
_____
_____
_____
_____
_____
_____
_____
_____
_____
_____

Wine Pairing: _____

From the Kitchen of: _____

Recipe: _____

Serving: _____  Prep Time: _____

Cook Time: _____  Temperature: _____

Ingredients:

_____
_____
_____
_____
_____
_____
_____
_____
_____
_____
_____
_____
_____
_____
_____
_____
_____

Methods:

_____
_____
_____
_____
_____
_____
_____
_____
_____
_____
_____
_____
_____
_____
_____
_____
_____

Wine Pairing: _____

From the Kitchen of: _____

Recipe:

Serving:                                  Prep Time:

Cook Time:                                Temperature:

Ingredients:                              Methods:

Wine Pairing:

From the Kitchen of:

Recipe: _____

Serving: _____    Prep Time: _____

Cook Time: _____    Temperature: _____

Ingredients:                          Methods:

_____          _____
_____          _____
_____          _____
_____          _____
_____          _____
_____          _____
_____          _____
_____          _____
_____          _____
_____          _____
_____          _____
_____          _____
_____          _____
_____          _____
_____          _____
_____          _____
_____          _____

Wine Pairing: _____

From the Kitchen of: _____

Recipe: _____

Serving: _____  Prep Time: _____

Cook Time: _____  Temperature: _____

Ingredients:                     Methods:

_____  _____
_____  _____
_____  _____
_____  _____
_____  _____
_____  _____
_____  _____
_____  _____
_____  _____
_____  _____
_____  _____
_____  _____
_____  _____
_____  _____
_____  _____
_____  _____
_____  _____

Wine Pairing: _____

From the Kitchen of: _____

Recipe: _____

Serving: _____  Prep Time: _____

Cook Time: _____  Temperature: _____

Ingredients:                              Methods:

_____    _____
_____    _____
_____    _____
_____    _____
_____    _____
_____    _____
_____    _____
_____    _____
_____    _____
_____    _____
_____    _____
_____    _____
_____    _____
_____    _____
_____    _____
_____    _____

Wine Pairing: _____

From the Kitchen of: _____

Recipe: _____

Serving: _____    Prep Time: _____

Cook Time: _____    Temperature: _____

Ingredients:

_____
_____
_____
_____
_____
_____
_____
_____
_____
_____
_____
_____
_____
_____

Methods:

_____
_____
_____
_____
_____
_____
_____
_____
_____
_____
_____
_____
_____
_____

Wine Pairing: _____

From the Kitchen of: _____

Recipe: _____

Serving: _____    Prep Time: _____

Cook Time: _____    Temperature: _____

Ingredients:                Methods:

_____         _____
_____         _____
_____         _____
_____         _____
_____         _____
_____         _____
_____         _____
_____         _____
_____         _____
_____         _____
_____         _____
_____         _____
_____         _____
_____         _____
_____         _____
_____         _____
_____         _____
_____         _____

Wine Pairing: _____

From the Kitchen of: _____

Recipe: _____

Serving: _____     Prep Time: _____

Cook Time: _____   Temperature: _____

Ingredients:                 Methods:

_____       _____
_____       _____
_____       _____
_____       _____
_____       _____
_____       _____
_____       _____
_____       _____
_____       _____
_____       _____
_____       _____
_____       _____
_____       _____
_____       _____
_____       _____

Wine Pairing: _____

From the Kitchen of: _____

Recipe: _____

Serving: _____  Prep Time: _____

Cook Time: _____  Temperature: _____

Ingredients:                                Methods:

_____           _____
_____           _____
_____           _____
_____           _____
_____           _____
_____           _____
_____           _____
_____           _____
_____           _____
_____           _____
_____           _____
_____           _____
_____           _____
_____           _____
_____           _____
_____           _____
_____           _____

Wine Pairing: _____

From the Kitchen of: _____

Recipe: _____

Serving: _____  Prep Time: _____

Cook Time: _____  Temperature: _____

Ingredients:                    Methods:

_____         _____
_____         _____
_____         _____
_____         _____
_____         _____
_____         _____
_____         _____
_____         _____
_____         _____
_____         _____
_____         _____
_____         _____
_____         _____
_____         _____
_____         _____
_____         _____

Wine Pairing: _____

From the Kitchen of: _____

Recipe: _____

Serving: _____  Prep Time: _____

Cook Time: _____  Temperature: _____

Ingredients:  Methods:

_____  _____
_____  _____
_____  _____
_____  _____
_____  _____
_____  _____
_____  _____
_____  _____
_____  _____
_____  _____
_____  _____
_____  _____
_____  _____
_____  _____
_____  _____
_____  _____

Wine Pairing: _____

From the Kitchen of: _____

Recipe: _____

Serving: _____  Prep Time: _____

Cook Time: _____  Temperature: _____

Ingredients:                      Methods:

_____   _____
_____   _____
_____   _____
_____   _____
_____   _____
_____   _____
_____   _____
_____   _____
_____   _____
_____   _____
_____   _____
_____   _____
_____   _____
_____   _____
_____   _____
_____   _____
_____   _____
_____   _____

Wine Pairing: _____

From the Kitchen of: _____

Recipe:

Serving:                                    Prep Time:

Cook Time:                                Temperature:

Ingredients:                              Methods:

Wine Pairing:

From the Kitchen of:

Recipe: _____

Serving: _____  Prep Time: _____

Cook Time: _____  Temperature: _____

Ingredients:  Methods:

Wine Pairing: _____

From the Kitchen of: _____

Recipe: _____

Serving: _____  Prep Time: _____

Cook Time: _____  Temperature: _____

Ingredients:                      Methods:

_____  _____
_____  _____
_____  _____
_____  _____
_____  _____
_____  _____
_____  _____
_____  _____
_____  _____
_____  _____
_____  _____
_____  _____
_____  _____
_____  _____
_____  _____
_____  _____
_____  _____
_____  _____

Wine Pairing: _____

From the Kitchen of: _____

Recipe: _____

Serving: _____  Prep Time: _____

Cook Time: _____  Temperature: _____

Ingredients:

_____
_____
_____
_____
_____
_____
_____
_____
_____
_____
_____
_____
_____
_____
_____
_____

Methods:

_____
_____
_____
_____
_____
_____
_____
_____
_____
_____
_____
_____
_____
_____
_____
_____

Wine Pairing: _____

From the Kitchen of: _____

Recipe: _____

Serving: _____  Prep Time: _____

Cook Time: _____  Temperature: _____

Ingredients:

_____
_____
_____
_____
_____
_____
_____
_____
_____
_____
_____
_____
_____
_____

Methods:

_____
_____
_____
_____
_____
_____
_____
_____
_____
_____
_____
_____
_____
_____

Wine Pairing: _____

From the Kitchen of: _____

Recipe: _____

Serving: _____  Prep Time: _____

Cook Time: _____  Temperature: _____

Ingredients:                  Methods:

Wine Pairing: _____

From the Kitchen of: _____

Recipe: _____

Serving: _____  Prep Time: _____

Cook Time: _____  Temperature: _____

Ingredients:  Methods:

_____  _____
_____  _____
_____  _____
_____  _____
_____  _____
_____  _____
_____  _____
_____  _____
_____  _____
_____  _____
_____  _____
_____  _____
_____  _____
_____  _____
_____  _____
_____  _____
_____  _____
_____  _____
_____  _____

Wine Pairing: _____

From the Kitchen of: _____

Recipe: _____

Serving: _____     Prep Time: _____

Cook Time: _____   Temperature: _____

Ingredients:                 Methods:

Wine Pairing: _____

From the Kitchen of: _____

Recipe: _____

Serving: _____  Prep Time: _____

Cook Time: _____  Temperature: _____

Ingredients:  Methods:

_____  _____
_____  _____
_____  _____
_____  _____
_____  _____
_____  _____
_____  _____
_____  _____
_____  _____
_____  _____
_____  _____
_____  _____
_____  _____
_____  _____
_____  _____
_____  _____

Wine Pairing: _____

From the Kitchen of: _____

Recipe: _____

Serving: _____  Prep Time: _____

Cook Time: _____  Temperature: _____

Ingredients:

Methods:

Wine Pairing: _____

From the Kitchen of: _____

Recipe:

Serving:                                        Prep Time:

Cook Time:                                   Temperature:

Ingredients:                                  Methods:

Wine Pairing:

From the Kitchen of:

Recipe: _____

Serving: _____  Prep Time: _____

Cook Time: _____  Temperature: _____

Ingredients:                          Methods:

_____        _____
_____        _____
_____        _____
_____        _____
_____        _____
_____        _____
_____        _____
_____        _____
_____        _____
_____        _____
_____        _____
_____        _____
_____        _____
_____        _____
_____        _____
_____        _____
_____        _____
_____        _____

Wine Pairing: _____

From the Kitchen of: _____

Recipe: _____

Serving: _____     Prep Time: _____

Cook Time: _____   Temperature: _____

Ingredients:                 Methods:

_____  _____
_____  _____
_____  _____
_____  _____
_____  _____
_____  _____
_____  _____
_____  _____
_____  _____
_____  _____
_____  _____
_____  _____
_____  _____
_____  _____
_____  _____

Wine Pairing: _____

From the Kitchen of: _____

Recipe: _____

Serving: _____    Prep Time: _____

Cook Time: _____    Temperature: _____

Ingredients:                        Methods:

_____        _____
_____        _____
_____        _____
_____        _____
_____        _____
_____        _____
_____        _____
_____        _____
_____        _____
_____        _____
_____        _____
_____        _____
_____        _____
_____        _____
_____        _____

Wine Pairing: _____

From the Kitchen of: _____

Recipe: _____

Serving: _____  Prep Time: _____

Cook Time: _____  Temperature: _____

Ingredients:                          Methods:

_____          _____
_____          _____
_____          _____
_____          _____
_____          _____
_____          _____
_____          _____
_____          _____
_____          _____
_____          _____
_____          _____
_____          _____
_____          _____
_____          _____
_____          _____

Wine Pairing: _____

From the Kitchen of: _____

Recipe:

Serving:                                Prep Time:

Cook Time:                              Temperature:

Ingredients:                            Methods:

Wine Pairing:

From the Kitchen of:

Recipe: _____

Serving: _____  Prep Time: _____

Cook Time: _____  Temperature: _____

Ingredients:  Methods:

_____  _____
_____  _____
_____  _____
_____  _____
_____  _____
_____  _____
_____  _____
_____  _____
_____  _____
_____  _____
_____  _____
_____  _____
_____  _____
_____  _____
_____  _____
_____  _____

Wine Pairing: _____

From the Kitchen of: _____

Recipe: _____

Serving: _____    Prep Time: _____

Cook Time: _____    Temperature: _____

Ingredients:    Methods:

_____    _____
_____    _____
_____    _____
_____    _____
_____    _____
_____    _____
_____    _____
_____    _____
_____    _____
_____    _____
_____    _____
_____    _____
_____    _____
_____    _____
_____    _____
_____    _____

Wine Pairing: _____

From the Kitchen of: _____

Recipe: _____

Serving: _____   Prep Time: _____

Cook Time: _____   Temperature: _____

Ingredients:                Methods:

_____    _____
_____    _____
_____    _____
_____    _____
_____    _____
_____    _____
_____    _____
_____    _____
_____    _____
_____    _____
_____    _____
_____    _____
_____    _____
_____    _____
_____    _____
_____    _____
_____    _____

Wine Pairing: _____

From the Kitchen of: _____

Recipe: _____

Serving: _____  Prep Time: _____

Cook Time: _____  Temperature: _____

Ingredients:

_____
_____
_____
_____
_____
_____
_____
_____
_____
_____
_____
_____
_____
_____
_____

Methods:

_____
_____
_____
_____
_____
_____
_____
_____
_____
_____
_____
_____
_____
_____
_____

Wine Pairing: _____

From the Kitchen of: _____

Recipe: _____

Serving: _____  Prep Time: _____

Cook Time: _____  Temperature: _____

Ingredients:                   Methods:

_____  _____
_____  _____
_____  _____
_____  _____
_____  _____
_____  _____
_____  _____
_____  _____
_____  _____
_____  _____
_____  _____
_____  _____
_____  _____
_____  _____
_____  _____
_____  _____

Wine Pairing: _____

From the Kitchen of: _____

Recipe: _____

Serving: _____  Prep Time: _____

Cook Time: _____  Temperature: _____

Ingredients:                                           Methods:

_____      _____
_____      _____
_____      _____
_____      _____
_____      _____
_____      _____
_____      _____
_____      _____
_____      _____
_____      _____
_____      _____
_____      _____
_____      _____
_____      _____
_____      _____
_____      _____
_____      _____

Wine Pairing: _____

From the Kitchen of: _____

Recipe: _____

Serving: _____    Prep Time: _____

Cook Time: _____    Temperature: _____

Ingredients:                  Methods:

_____   _____
_____   _____
_____   _____
_____   _____
_____   _____
_____   _____
_____   _____
_____   _____
_____   _____
_____   _____
_____   _____
_____   _____
_____   _____
_____   _____
_____   _____
_____   _____

Wine Pairing: _____

From the Kitchen of: _____

Recipe: _____

Serving: _____   Prep Time: _____

Cook Time: _____   Temperature: _____

Ingredients:                              Methods:

_____                      _____
_____                      _____
_____                      _____
_____                      _____
_____                      _____
_____                      _____
_____                      _____
_____                      _____
_____                      _____
_____                      _____
_____                      _____
_____                      _____
_____                      _____
_____                      _____
_____                      _____
_____                      _____

Wine Pairing: _____

From the Kitchen of: _____

Recipe: _____

Serving: _____    Prep Time: _____

Cook Time: _____    Temperature: _____

Ingredients:    Methods:

_____    _____
_____    _____
_____    _____
_____    _____
_____    _____
_____    _____
_____    _____
_____    _____
_____    _____
_____    _____
_____    _____
_____    _____
_____    _____
_____    _____
_____    _____
_____    _____
_____    _____
_____    _____

Wine Pairing: _____

From the Kitchen of: _____

Recipe: _____

Serving: _____    Prep Time: _____

Cook Time: _____    Temperature: _____

Ingredients:

_____
_____
_____
_____
_____
_____
_____
_____
_____
_____
_____
_____
_____
_____
_____
_____

Methods:

_____
_____
_____
_____
_____
_____
_____
_____
_____
_____
_____
_____
_____
_____
_____
_____

Wine Pairing: _____

From the Kitchen of: _____

Recipe:

Serving:                                    Prep Time:

Cook Time:                               Temperature:

Ingredients:                             Methods:

Wine Pairing:

From the Kitchen of:

Recipe: _____

Serving: _____   Prep Time: _____

Cook Time: _____   Temperature: _____

Ingredients:

_____
_____
_____
_____
_____
_____
_____
_____
_____
_____
_____
_____
_____
_____
_____
_____

Methods:

_____
_____
_____
_____
_____
_____
_____
_____
_____
_____
_____
_____
_____
_____
_____
_____

Wine Pairing: _____

From the Kitchen of: _____

Recipe: _____

Serving: _____   Prep Time: _____

Cook Time: _____   Temperature: _____

Ingredients:

_____
_____
_____
_____
_____
_____
_____
_____
_____
_____
_____
_____
_____
_____
_____
_____

Methods:

_____
_____
_____
_____
_____
_____
_____
_____
_____
_____
_____
_____
_____
_____
_____
_____

Wine Pairing: _____

From the Kitchen of: _____

Recipe: _____

Serving: _____  Prep Time: _____

Cook Time: _____  Temperature: _____

Ingredients:

_____
_____
_____
_____
_____
_____
_____
_____
_____
_____
_____
_____
_____
_____
_____
_____

Methods:

_____
_____
_____
_____
_____
_____
_____
_____
_____
_____
_____
_____
_____
_____
_____
_____

Wine Pairing: _____

From the Kitchen of: _____

Recipe: _____

Serving: _____  Prep Time: _____

Cook Time: _____  Temperature: _____

Ingredients:

_____
_____
_____
_____
_____
_____
_____
_____
_____
_____
_____
_____
_____
_____
_____
_____
_____

Methods:

_____
_____
_____
_____
_____
_____
_____
_____
_____
_____
_____
_____
_____
_____
_____
_____
_____

Wine Pairing: _____

From the Kitchen of: _____

Recipe: _____

Serving: _____  Prep Time: _____

Cook Time: _____  Temperature: _____

Ingredients:                          Methods:

_____          _____
_____          _____
_____          _____
_____          _____
_____          _____
_____          _____
_____          _____
_____          _____
_____          _____
_____          _____
_____          _____
_____          _____
_____          _____
_____          _____
_____          _____
_____          _____

Wine Pairing: _____

From the Kitchen of: _____

Recipe: _____

Serving: _____    Prep Time: _____

Cook Time: _____    Temperature: _____

Ingredients:                            Methods:

_____             _____
_____             _____
_____             _____
_____             _____
_____             _____
_____             _____
_____             _____
_____             _____
_____             _____
_____             _____
_____             _____
_____             _____
_____             _____
_____             _____
_____             _____
_____             _____

Wine Pairing: _____

From the Kitchen of: _____

Recipe: _____

Serving: _____  Prep Time: _____

Cook Time: _____  Temperature: _____

Ingredients:                                    Methods:

_____      _____
_____      _____
_____      _____
_____      _____
_____      _____
_____      _____
_____      _____
_____      _____
_____      _____
_____      _____
_____      _____
_____      _____
_____      _____
_____      _____

Wine Pairing: _____

From the Kitchen of: _____